무슨 말을 덧붙일까요

서희 시집

시인동네 시인선 196

서희 시집

무슨 말을 덧붙일까요

시인동네

시인의 말

시조에 첫발을 들여놓고 어쩔 줄 몰라 했던 날들이 떠오른다. 아직도 까막눈이라서 3장 6구의 행간이 일렁거리지만 마음을 가다듬고 고요히 시력을 맞추는 지금,

봄이 손을 잡아 주었듯, 이 여름도 나를 이끌어 주리라 믿으며……

2023년 1월
서희

차례

제2부

제3부

제4부

제5부

제1부

서재의 근황

이미 품에 든 것은
밀쳐두기 마련이다

오늘도 서점에서
새 책을 골라 샀다

책꽂이 꽂혀 있던 책들
흑백의 풍경이다

내일이면 구간이 될
오늘의 신간이여

맞닿은 일상들이
버릇처럼 산화되고

죄 없이 녹슬어가는
다 읽지 못한 하루

신발의 역사

귀가 후 현관 앞엔 한 가족이 엉켜 있다
한밤중 불을 켜자 부스스 깨다 말고
고단한 하루를 눕힌 채 잠꼬대가 한창이다

그 잠꼬대 잦아들자 희멀건 새벽달이
빠끔히 베란다를 넘어와서 기웃대더니
새하얀 홑이불 같은 달빛 풀어 덮어준다

뒷굽이 닳은 채로 널브러진 구두들이
지고 갈 또 하루를 채근하며 기다린다
제각각 갈 길이 달라도 두말없는 순종이다

우물

밖으로 꺼내지 못한 숨겨둔 나의 일상
생각은 서쪽인데 동쪽으로 향한 입술
속되고
어지러운 실체
언저리에 갇혔다

두레박에 퍼 올린 달빛은 푸르른데
저 물속 내 얼굴은 안개가 자욱하다
한번쯤
마른 가슴이
차오를 날 있을까

낭만적 해석

삼촌은 주객처럼 걸어오지 않았다
자신만의 꿈에 취해 술병을 품에 안고
운명과 감수성 사이
유유히 즐기셨다

존재하지 않는 것을 애써 희망하며
밤이면 불화의 강 너울너울 건너와서
아무도 알 수 없도록
별들을 채웠겠지

알코올만 중독인가 희망도 중독이지
빙긋이 웃으면서 용돈을 쥐어주던
조카들, 어여쁘다고
잘되라고 노래하던

지금 함박눈이

상층권의 구름들이
대류권을 장악하다

추위가 몰려들자 저희끼리 부딪쳤군,

조각난
몸뚱이끼리
다시 또 뭉치다니

63빌딩 겅중겅중
아파트를 뛰어내려

난분분 춤을 춘다
16층 유리창 밖

잊을 건
잊어두라고
허락하듯 쌓이다니

ㅋㅋㅋ익명이라는, 폭력

발 없는 구두처럼, 옷 없는 옷걸이처럼

텅 빈 방 인기척에 홀연히 섞여드는

말없이, 열리는 입들이
따라오며 소리친다

채팅창을 헤엄치는 악플러의 웃음소리

평범을 잃어버린 그 여자 BJ는

손발이 그물에 걸려
이미 낚인 계절이다

눈도 귀도 베어버린 유령의 네트워크

새까만 손가락이 가리키는 어둠의 길

간절히 살고 싶어서
깊은 잠에 들었다

결정적 오류

시를 생각하고
시를 부르는 일

포기한 낱말들이,
불신의 눈초리가

타협할 기미가 없다
날아가는 잔상들

술래가 어수룩해야
놀이가 재밌는데

나는 아무래도
술래 자격 없는가 봐

네 마음 구석구석이
한눈에 다 보이니

갈피

취업전선 달리느라 사랑도 닫아걸고
새 봄빛, 가을 눈빛 곁에 두지 않았다
수십 통 이력을 묻는 이력을 안고 업고

주눅 든 이 년 반을 단칼에 베어내고
어깨를 쫙, 펼치고 당당하게 출근했다
허기진 '청년 실업팀' 내 이름은 거기 없다

없는데도 후줄근한, 기막힌 오늘 한때
아직도 불완전 연소 어제 같은 모습으로
겸손도 오만도 아닌 그 가운데 끼어 있다

사거리 풍경

붉게 눈뜬 신호등
앞 발걸음을 멈춘다

건널목 나란하게
타인으로 마주서서

그쪽은 어떠하냐고
서로에게 묻는다

내가 떠날 이곳은
네가 오고픈 곳

신호가 바꾸면서
빨라지는 발걸음들

건너편 간 적 없으니
희망의 끈을 푼다

길의 단계

한 계단 올라보니 열 계단이 앞서 있다

결국 또 길의 연장 아직은 제자리다

여독이 풀리지 않은 여행 끝의 일상처럼

옛길을 돌아보니 그것도 대단했네

여기까지 차근차근 보폭도 가지런히

완성을 꿈꾸며 가는 젊음은 미완이다

부품

꿈으로 두드린 문,
저 문이 좁아진다
끊지 못할 뿌리 되어
쏟아지는 대량 생산
젊음도 뒷걸음치는
긴 겨울의 그늘 속

무자비한 세뇌의 말
쫓기고 눌렸다가
몇몇은 맞바람에
낙엽처럼 쓸려가고
끝까지 살아남느라
나사를 다시 쥔다

걸음을 재촉하다
떠밀리는 등 언저리
싸구려 의식주가
하루하루 쌓이더니

우리는 눈치만 늘어
제자리를 맴돈다

신발병원

옛 동네 큰길가에 천막 친 병원 있다

굽이 닳고 솔기 터져 입원한 구두들이

수술을
받을 요량인가
해부되어 엎드렸다

삼복더위 땀줄기도 그냥 아랑곳없이

꿰매고 두드리는 의사의 손놀림에

병세가
호전이 되어
퇴원날짜 기다리는

일기장을 펼치며

말이야 툭 던지면 공중으로 날아가니
연필로 한 문장씩 종이에 올려본다
이제야 조금씩 알겠다, 발자국이 보인다

스물에서 서른으로 기우뚱 넘어가자
어린 날의 이력들이 스스로 자백하듯
한밤중 잠 못 들게 한다, 새벽을 열게 한다

글로 남긴 이야기는 나 없어도 홀로 남아
울어도 희극이고 웃어도 슬픈 것들
사랑도 남의 일처럼, 도린 곁에 숨었다

알바트로스

뒤뚱대는 큰 몸집에
바보 새라 불리지만

폭풍우 몰아쳐서
모두 숨는 날이 오면

절벽 끝, 몸을 맡긴 채
그제야 높이 나는

위엄 있는 긴 날개로
아득한 너의 비행

오로지 믿는 것은
바람의 방향이지

위기를 기회로 삼는
그 생태를 배운다

공갈빵

가운데가 텅 비었다
그런데도 천오백 원

없음의 존재 가치
이리도 당당하다

빈속을 채우지 못해도
값은 다 지불된다

빵은, 빵으로서
충분히 정직한데

알맹이가 빠져버린
한 줄 시의 배고픔 같은

변명을 늘어놓아도
자꾸만 가벼워지는

판도라의 상자

스위치가 꺼져 있어 어둠에 묻힌 편지
손이 닿자 열리는 문 와락, 날 껴안는다
지난날 키스 자국이 뜨겁게 그대로다

아직도 숨을 쉬는, 살아있다 찡끗대는,
들쳐 업힌 시간들이 한참이나 와글댄다
긴장을 풀지 못하게 급하게 또 닫히는

제2부

쓰레기통

더럽다고?
천만에!
네 향기를 위한 봉사

지상의
곳곳에서
보초 서듯 우두커니

뚜껑을
꼭 닫는 것은
네 비밀을 지키려고

티눈

발가락에 숨어 있다 존재를 드러냈다

어제의 발걸음을 이제 안다, 그 가벼움

한 치 앞 볼 줄 모르면서 눈이라고 솟은 것

날 위해 떠올랐던 태양인 줄 알았는데

걸음 불편하니 대낮도 어둡이고

시 한 줄 받으려 하니 별도 달도 울 줄이야

어쩔 수 없는 일

설거지 끝내놓고 차 한 잔 하려는 차

식탁 모서리에 붙어 있는 저 쇠파리

식사를 같이했다고, 싹싹 빌며 봐 달란다

권고사직

구직으로 만 삼 년을 갈고 닦았는데

막상 취업하니 코로나가 찍는 발등

맘먹고 찾아가는 길 실업급여 신청서

바람이 등을 치며 물어 오는 퇴사 이유

말없이도 저 바람은 내 말 다 알아듣지

휘리릭, 감아 돌면서 넋두리도 들어주지

헛제삿밥

'헛'이라는 말 속에는
헐렁함이 들어 있다

거짓이나 밉지 않은,
슬쩍 눈 감아주는

아무 집 제사도 아니고
가볍게 나눠 먹는

안동의 별미라고
찾아든 어느 식당

비빔밥과 어우러진
돔베기 한 토막이

가을을 받들어가며
다소곳이 차려졌다

시간이 다녀간다

마드리드 기차역에
발이 묶여 있다

동동대는 나와 달리
시큰둥한 역무원은

수화기 건너편 안부 찬찬히 묻고 있다

묻고 또 묻고 있는
저 남자의 가정사를

망연히, 우두커니
지켜만 볼 수밖에

때마침 퇴근 시간이 머쓱하게 다가온다

푸른 나이를 벗다

밥 대신 잠을 쑤셔
하루를 일 년처럼

방문부터 적대적인 안식처에 들어오면
절망이 가로질러 와 먼저 누워 반긴다

가두리 양식장도 메말라 가는 동안
죽음이 수급해낸 피골뿐인 영혼 몇 그램

청춘을 저당 잡힌 채
한 청년이 스러졌다

침묵으로 일관하던 우리들 동정으로
이슥고 열려버린 단칸방 외로운 역사

고독도, 고독사 했다고
짓뭉개진 표정이다

들꽃

핀다고 웃지 않고
진다고 울지 않는다

꽃 진 자리 텅 빈 곳에
햇살이 찾아낸 것

잘 여문 씨앗 몇 톨이
가을을 품고 있다

눈을 감자 팔랑이는
나비가 아른대고

감은 눈 속 환히 피는
지난날의 꽃잎들이

너 또한 꽃이라면서
벅차게 피라 한다

설거지

수도꼭지 물줄기에 그릇들이 부대낀다

방금 먹은 음식인데 더러울 게 뭐 있다고

수세미 벅벅 문대며 부끄럼도 닦는다

수십 번씩 기웃대는 생각의 잔 비늘이

개수대 물속에서 한참을 일렁일 때

맑은 물 넘치게 받아 더 맑게 헹궈낸다

아니오, 를 당당하게 예, 라고 의연하게

눈칫밥에 절은 젊음 한 번 더 부셔낼까

구름도 들락거리며 하늘 낯을 씻는 날

첫 번째, 한 끼

재봉사 어머니는 새벽부터 후다닥,

덩그러니 우리 남매 떼어두고 나가셨다

소풍날?
예외 없었지
몇천 원 쥐어주고

가방에 볼록하게 크림빵을 넣었어도

참 많이 허전했던 어린 날의 그 소풍 길

어쩌다
김밥 먹을 때
괜스레 찡한 눈 끝

무럭무럭 나는 크고 어머니는 늘 제자리

어느 하루 주방에서 김밥을 고이 말아

첫 번째,
가장 따스한
한 끼 식사 대접했다

김밥 속이 보인다

푸르던 시금치가 데쳐져 풀이 죽자
옛 모습 간데없이 노란 물로 치장한 무

우엉도
달달 볶인 채
한쪽에 줄을 섰다

계란말이 당근 볶음, 고기 아닌 햄 조각이

흰밥 위에 가지런히 체념한 듯 누웠구나

저렇게
어른이 되는 것
어울리며 낮추는 것

풀꽃송이

이 봄날 시선 끝에 꽃 한 송이 와 걸린다
제멋대로 피어나고
또 그렇게 지는 꽃잎
내일을 점치는 법 없이
바람 앞에 당당한

날카롭던 번개에도 맞섰던 긴긴 밤들
제 옆의 푸나무를
탓할 줄도 모르고
떠나간 이슬 발목에
매달리지 않았다

가는 봄과 여름을 그다음 또 몇몇 해를
그냥 이렇게만
물들이고 살았는데
그 어떤 이력이라니
무슨 말을 덧붙일까요

천국이 보인다

'김밥천국' 붙여놓은 회사 골목 분식집에
직장인 발걸음이 바빠지는 정오 무렵
월급이 감봉된 만큼 가벼워진 한 끼 식사

메뉴판에 이것저것 음식들이 빼곡하다
수고하고 짐 진 자들 다 여기로 몰렸는데
김밥만 천국이라니? 오늘 점심, 천국 한 줄

팔월 몽타주

입천장을 핥고 있는 아이스크림 같은 날들
훅, 말려서 들어오는 더위를 식히던 혀
잇몸이 간질거리다 한순간 녹아든다

바람은 미숫가루 햇살은 얼음가루
하늘에 띄워놓은 구름 빙수 한 그릇
아— 하고 한입 떠먹네, 여름 성찬 한상 받네

잣나무 막대사탕 입 안에 굴리라고
소나기 후륵후륵 시원하게 마시라고
벌판을, 마음껏 말아 초록 국수 내었구나

지금 나는?

아직도 꽃나이라 어정쩡할 수밖에
때가 되어 물러난 직장 돌아보면 무엇하랴
급여가 나오던 날짜 눈 끝에 와 박힌다

무직과 취직 사이 흘러가는 구름들아
태평양을 품어 안던 그 배짱은 어디 두고
시 한 편 꿈꾸는 일로도 몸서리를 치곤 한다

제3부

거짓말

밤낮을 가리지 않는
투명체 바이러스

순식간 온 세상을
제 것으로 점령한다

넘치는 박수갈채 속
방심은 금물이다

추락주의

벚꽃 환한 나무 옆에 표지판이 이채롭다
봄바람에 아랑곳없이 호르륵, 지는 꽃잎
정말로 말 안 듣는 꽃, 왕후의 기품이다

아래는 벼랑이라 눈앞이 아찔한데
아무런 욕심 없이 제 몸을 떨어내는
위대한 봄날의 한때 나만이 무색하다

저 꽃 앞 아니라도 세상엔 벼랑 천지
여기저기 숨어 있는 허방에 주의할 것
한 발만 잘못 디뎌도 돌아오기 어렵나니

행간을 엿보다

아버지를 괴고 돌던 58년 한 묶음이
한 개비 담배 연기로 뿌옇게 다가온다
말로는
차마 못하고
날아간 시간처럼

자식들 한술 밥에 손발 다 묶어놓고
삶 뒤에 또 다른 삶 펼치지 못한 것들
한 모금
위로를 찾아
반세기를 훑는다

어쩌다

어제 같은 오늘인데
그날 같은 가을인데

지금은 오후 네 시
같은 거리 그 나무 밑

햇살도 그 빛깔인데
우리만 여기 없다

이제 보니 다른 방향
똑같지 않은 시간

이리 짧은 약속인 줄
그때는 몰랐었지

하늘로 불어 날리던
비눗방울, 그런 약속

닭장 이야기

명절을 지내려고 세밑에 찾은 친가
아버지가 지어놓은 닭장엘 가보았다
암탉이 여나믄 마리, 수탉은 한 마리뿐

하루에 순풍순풍 알을 낳던 암탉들이
지금은 하루 세 알 겨우 건진다고
할머닌 닭을 잡아라, 아버지께 이르셨다

기르던 닭을 잡아 차례상을 차린다고?
아버지도 손을 털며 난색을 표하셨다
수탉도 눈치를 챘나, 울음 없이 맞은 설날

꼬마 인형

어릴 적 선물 받아 낡아버린 헝겊인형
얼굴 쪽 터진 실밥에 솜이 삐죽 나와 있다
모처럼 바늘을 꺼내 땀땀이 꿰매본 날

외꺼풀이 답답하여 검은 실로 박음질을
내친김에 물휴지로 목욕도 시켰더니
얼굴은 더 작아지고 눈이 한층 산뜻하다

명동이나 강남거리 성형외과 간판들이
요즘은 달리 뵈는 이유는 무엇일까
조금 더 아름다운 날을 꿈꾸는 게 뭐 어떤가

퍼즐 찾기

무채색의 나무들과 낮게 깔린 하늘자락
그 자락에 눈구름이 서너 번씩 몰려오고
북받친 진눈깨비가 찬바람을 훑고 있다

질척이며 들려오는 흩어진 날의 기억
들을수록 부끄러운 못 챙긴 시간들이
서로를 개키고 있다, 퍼즐을 맞추듯이

봄여름을 밀려 나와 가을까지 놓쳐버린
이제야 맞춰지는 한 조각 겨울의 말
입술을 다시 깨문다, 마지막 승부니까

품격

삼십여 년 재봉질 어이 흉내 낼까마는
바늘에 북실 걸어 또르르 달려간다
일곱 빛 천을 잇는다, 울 엄마 꿈 조각을

곁눈질로 배웠으니 서툴기 짝이 없다
손과 발이 맞아야만 박음질이 똑 고른데
바늘이 몇 번씩 튄다, 어깃장 놓는 듯이

가끔씩 그 바늘이 손가락을 찔러대고
세상에 쉬운 일은 어디에도 없다시는
울 엄마 잔소리 시침질, 내 꿈이 이어진다

좀 더 피가 뜨거울 땐 무엇에도 겁이 없어
뭐든지 달려들면 내 차지라 믿었는데
쉽게만 생각한 틀질, 만만치가 않구나

지금 생각하니 모든 것은 때가 있지
무심히 놓친 일들 새삼스레 부끄럽네

아직은 손바닥만 한, 조각보 같은 내가

한 사람

새 아침 창문 틈을
비집고 든 햇살처럼

짧고 강렬하게
너는 날 비추이며

한동안
눈 못 뜨게 한다
감은 눈이 더 환하다

줄자를 꺼내며

어린 날 키를 재던 줄자를 보는 순간,

손목발목 여기저기 다 재보고 싶어진다

이렇게
꽃으로 피어난
그 어디 둘레까지

한 눈금씩 키가 크듯 마음도 자랐을까

가만히 눈을 감고 더듬어보는 허공

그러다
멈춰버린 나
저 줄자가 부끄럽다

솥

따끈한 흰밥으로, 한때는 우리 네 식구
아침을 열어주던 식탁 위 전기밥솥
한 달째 하품 중이다
속이 텅텅 빈 채로

부모님은 일터에서 동생은 기숙사에
나는 또 새벽 출근, 끼니가 다 다르니
저 친구 존재 가치가
슬그머니 없어졌다

커피에 빵 한 조각 홀짝이고 있는 사이
덩그러니 나앉아서 빠끔히 날 쳐다본다
혼자만 배고프다고
시무룩한 늦저녁

이력

학업을 미뤄놓고 앞에 둔 재봉틀에
꽃 스물 다 보내고 사랑도 물려놓고
빈속을 박음질로 달랜 형형색색 날이었다

뜯어지는 실밥처럼 한때가 삭아가도
소음에 귀가 울고 먼지에 목이 타도
끝까지 움켜쥔 것은 자식 같은 실타래였지

땀땀이 바늘자국 페달로 죽죽 밀어
주름진 날의 무늬 어머니는 피워냈다
바늘에 실이 걸리면 박음질로 달렸다

손을 보다

어린 날 우리에겐 정직한 언어였어
곤지곤지 잼잼, 하며 수화처럼 말을 했지
그러다 첫손을 내밀어 걸음마도 배우고

아무런 말 없이도 손바닥에 느껴지는
피아노 건반 짚듯 스쳐간 언저리는
설익은 약속의 반복 애틋한 구애였지

방금 깨진 유리잔에 손바닥을 베었다
깨진 모든 것은 당돌한 힘이 있어
때로는 금이 간 마음 덧대기도 한다지

시시(時詩)한 연애

가슴속은 마른 바람 가진 것은 지금뿐,
속절없는 밤과 낮이 자격을 묻고 따진다
발치에
채여 날리는
눈발 같은 이 하루

세상 끝 유목민이 남겨놓은 발자취를
정처 없이 따라가는 껍데기 같은 시간
고삐에
매여 있는가
꼭두각시 발걸음

수저론

금수저, 은수저라
세상이 들썩들썩

누가 뭐라 해도
내 수저가 제일이야

젊음이 한밑천이니
아무것도 안 부러워

제4부

가상에 속지 마세요

꿈을 두고 일어났다
현실은 가상세계

하루를 살아내자
어둠이 찾아왔다

언제나 꿈속에 들면
진짜 내가 거기 있다

훼방

시큰둥한 국과 밥을 어쩌다 붙여놓으니
친밀해진 둘 사이는 띄어쓰기도 필요 없다
이렇게 하나로 묶인
우리 곁의 '국밥'이여

한번 맺어지면 나눌 길이 없다는데
어찌 떼어낼까 골똘히 생각하다
급기야 '따로'를 붙여
나눠놓는 저 심보

북한강에서

1.
유속은 누군가의 물길을 엮어낸다

쏟고 간 울음들이 저토록 반짝이고

한밤 내
고여 든 새벽을
너그럽게 안배한다

2.
여러 갈래 모여들어 한 줄기로 흐르는 강

우리 가는 길은 걸을수록 여러 갈래

여기 와
추슬러본다
꿈꾼 길만 꿈꾸도록

달의 발자국

폐 끝까지 타 들어간 아버지 담배 연기
평생을 가슴 메운 어머니 공장 먼지
이제야 돌아다보니 핏줄이다, 그것이

두어 줄 이력서에 변변찮은 경력사항
자소서 쓸 때마다 가족사가 젖어들어
철없이 맴돌곤 했던 한때의 눈물바람

못다 핀 꽃잎이여 지금은 밤이어도
끊임없이 길어 올린 달물 받아 마시거라
발자국 서른세 해를 짚어가고 있으니

어둠별
—홍의장군

해넘이가 시작되자 어둠이 넓어진다
맞닿는 기억들을 하나 둘 소환하자
호각을 불며 달리는 붉은 옷의 장수들

정암진 전투에는 숨어든 힘이 있지
복병들이 쏘아대는 화살촉은 여직 살아
눈감고 휘파람 불면 임진년이 스러진다

본 것도 아니 본 척 들어도 못 들은 척
서로를 믿는다는 그러나 괜찮다는
보인다, 하늘 저 높이 알아보는 눈이 있지

아귀도* 연대기

탐욕으로 살아온
사람들이 모이는 곳

먹어도 또 먹어도 배가 늘 고파오는

뱃속에 들어가서는 불이 되는 형벌이다

우리는 아귀 입의
가련한 껍데기니

먹을수록 허전해도 볼록 나온 저 배를 봐

목마른 허영의 숟갈 베어 물고 사는 우리

무겁도록 가늘어진
목구멍에 넘어가는

밤새워 긁어모은 욕심이 회귀한다

아귀야, 헛배로 텅 빈 네 모습을 닮는 우리

---

*불교설화.

명품관

어둑한 출근길에 일찍이도 늘어선 줄

비루한 존재라는 자신을 드러낸다

허영을 위장하면서 그것에 착취당한다

내게 있어 오만 같은 문장 혹은, 시 구절들

불가능에 얽힌 채로 끌고 가는 시조 몇 편

짐이다, 뱀장어처럼 똬리를 틀고 있다

장경각

보물로 모셔 있는
십육만 도자 대장경

무거운 마음 짐은
내리고 오라 한다

바람은 먼저 불어와
설법이 한창이고

잠결

중요한 건 말 없이도 눈 밝게 알아채지
길어진 밤의 나날 거뭇한 그림자들
그렇게 숨어드는 시? 집어치워, 지금은

죽음 같은 삶이 있고 나 같은 시가 있나
평범함을 가장하고 하루 치 삼킨 눈물
욕심껏 끌어안고서 달래보는 자정의 시

온밤을 뒤척여도 오지 않던 문장들이
꿈속에 들어왔다, 나도 바짝 다가갔다
손끝에 닿을 듯 말 듯 시를 찾다 놓치는 꿈

시네마천국

시간당 6030원* 매표소 아르바이트
봄여름 다 보내고 가을이 오기까지

아는 건
제목뿐이다
영화 한 편
본 적 없이

취업준비 하면서도 일손을 놓지 못한
'대학씩 졸업하고 뭐 하는 짓이냐'는

이 눈치
저 눈치 속에
감쪽같이
살던 천국

---

*2016년 대한민국 최저시급.

수용소 군도*

의지와 상관없이 한 생이 꺾어질 때
낡아진 일기장에 기억들을 살리느라
다 바랜 종이뭉치를 목숨처럼 끌고 왔다

죄였든 벌이었든 생각하기 나름이지
무모한 총구 아래 무작위로 지던 별빛
희미한 편지 한 장만 낙엽처럼 굴렀다

엇나간 이데올로기, 누군가를 발아래에?
목표 잃은 분노만이 가뭇없이 들끓었다
최선을 꿈꿨던 자여, 사람인가 체제인가

---

*러시아 작가 솔 제니친의 저서.

완두콩 올림

어두운 콩깍지 속 다섯 중에 하나로
밤낮을 구별 않고 무럭무럭 자랐어요
어디든 갈 곳이 있다고 포부도 당당하게

아주 사소하게 어쩌면 시시하게
꽃이 왔다 갔더라도 울지 않고 참아내기
그래도 힘이 부치면 한번만 더 무릎 꿇기

저 속에 나 있는 걸 혹시 아시나요,
가도 가도 닿지 않은 미로 속 세상 문을
조금은 못 미친다 해도 이제 그만 열어줘요

그림자가 보이나요?

어둠에는 대항 없이 숨죽인 채 지내다가
해가 뜨면 부스스, 기지개 켜고 나와
발밑에 바짝 붙어서
존재를 드러낸다

뒷굽에 밟혀가며 악착같이 따라온다

땅 그늘에 처박히다
콘크리트 담장 위로

이 하루 몽타주 기법,
낱낱이 기록한다

진주 귀걸이를 한 소녀*

신촌역 오거리를
한 여자가 지나간다
하늘도 드맑은 날
더 드맑은 귓불 아래
어여쁜 진주 귀걸이 까르르 웃음소리

볼록한 턱 밑으로
허리선이 몽실몽실
스커트 밑 두 다리는
마음껏 통통하다
넘치는 저 자신감은 도대체 무엇일까

자나 깨나 다이어트
칼로리를 계산하는
그런 건 모른다고
저 표정, 초승달 눈
내 속에 숨겨져 있는 또 다른 나 아닐까

---

*페르난도 보테로, 1962년 작품.

소행성* 사람처럼

모두에게 공평하다는
시간의 반란 앞에

멍하니 두 손 들고
항복할 수밖에 없다

주변은 변해가는데
나만이 제자리다

비정규직 아르바이트
일당만큼 접히는 날

직장 후배 발걸음이
오다 말고 엉거주춤

무중력 취업의 나날
청년들만 낯설다

---

* 2013TX68이 2016년 3월 15일 지구에 접근했다.

제5부

경계

영화관 알바생이던
스물네 살 동료 청년,

두어 명씩 은근슬쩍
콜라, 팝콘 먹을 때면

한사코 자기는 됐다, 도덕성을 따지더니

어느 날 동료 지갑
카드를 훔쳐내서

모텔로 숨어들어
도우미를 불렀단다

경찰에 불려가면서도 얕잡아, 우릴 보던

성혼 선언서

오래 버틴 유효기간 여기서 끝이라니?
두 자루 촛불 아래 다시 시작이라니!

가만히 둘러보았다
내 곁에 선
이 사람

우리가 들뜬 채로 예, 라고 답을 할 때
오래도록 변함없이 등 뒤에 업히는 말
드레스 하얀 자락이
한동안
무거웠다

아직은 일시정지

오늘의 너와 나는
입부터 막고 본다

서로를 피하느라
곁눈질이 늘어간다

길고 긴 여름 무더위
빗줄기 그 사이로

GS 25시

어둠이 피워내는 각양각색 불빛 사이
대로변 밤의 일터 후줄근한 얼굴 있다
들떴던 낮의 허풍을 마스크로 가려두고

문 밖에 간이의자 반쯤만 걸터앉아
구직광고 뒤적이는, 서너 명 젊은이들
컵라면 국물만 같은 눈빛이 비춰든다

팝콘

열 받자 부풀어져 속내 다 드러낸
너

이리 뛰고 저리 뛰어 등허리에 땀이 밴
나

문 열어!
쏟아질 거야, 꽁꽁 싸맨 가면 벗고

사이비

자칭 중이라며 이야기를 늘어놓는데
어찌나 황당한지 혀를 찰 노릇이다
만 원권 지폐를 꺼내며
수백만 원 짜리란다

며느리 세뱃돈으로 그 부적을 사 간단다
공손히 절까지 하며 두 손 모아 받는다고,
현관문 안쪽에 붙이면
영험하다, 침이 튄다

아이스 아메리카노

혼자라서 지쳐버린
오후 서너 시쯤

얼음을 꽉 채워서
내 앞에 놓인 한 컵

싱겁다,
그 이후의 말
녹고 있는 여름 한때

경련

춤이라 생각하며 나붓하게 돌았겠지

공중에 동동 띄운 의식주 나선의 길

신나게 출렁거리며 날아든 무당벌레

한순간 어리둥절 그물에 조여들어

막다른 비상의 끝 날개를 파닥인다

거미는 성찬 중이다 파동이 멈출 때까지

마지막 열차

서울이 냉랭하다 지금은 멈춤 시대

기차역 한밤 불빛 너무 밝아 더 어두운

언제쯤 돌아오려나,
놓쳐버린 기차는

유실물

질주는 2분 동안, 30초 정차 사이

오른쪽 내리실 문 넘나들지 못한 채

똑같은 안내방송을 뒤로하고 주춤한다

전동차에 남아 있는 무형의 이야기들

유리창에 투여되는 손인사의 잔상들

허공에 산산 조각난 그들만의 세계들

깍짓손의 따뜻함을 손잡이에 남겨놓고

애틋한 자리마다 실루엣을 새겨놓고

오늘도 두고 내렸던 마음들이 달린다

부부 싸움

똑같은 그림 찾아
열심히 던졌더니

삼광에 고도리라,
무지 또한 재능인가

앞뒤를
너무 잰 당신
피박까지 쓰다니

을지로 입구

마지막 전동차가 지하철을 빠져나가면
세상에서 몰린 이들 역 안으로 들어선다
텅 비인 무덤의 도시, 한 세계가 깨어난다

배고픈 불안마저 졸며 쉬며 잦아든다
오히려 눈 감아야 자신을 알 수 있지
행복은 말라버려서 잃은 지 이미 오래

기둥 밑 밤공기가 어지간히 눅눅하다
생각의 꼬리마저 아귀아귀 잘라먹는,
지난날 삶의 무도회 제 역할은 뭐였을까

초저녁 별 하나가

식어버린 밥통 속에
밥알처럼 말라버린

생산성을 이미 잃은
원고지는 낡아지고

이름만 걸어두냐고
나무라는 저 눈빛

물

그릇에 담길 때면
서로를 껴안지만

어쩌다 엎질러서
바닥에 쏟아지면

잽싸게
등을 돌린다
돌아갈 수 없도록

해설

실감(實感)과 실정(實情)의 형식

신상조(문학평론가)

시는 삶의 재현이거나 감정의 분출, 혹은 무의식의 발산이다. 아니다. 시는 인식이다. 누군가 말했다시피 "시인은 시로써 살지만 더 정확하게는 시를 품은 인식으로 산다."라고 할 때의 저 인식. 적어도 서희의 시는 그렇다. 일찍이 장 폴 사르트르는 문학을 다음과 같이 정의한 바 있다. "예술 작품 그 자체로는 생산 활동이 될 수도 없고 또 그렇게 되기를 바라지 않지만, 그 대신 생산하는 사회의 자유로운 의식이 되고자 한다."라고 말이다. '의식'이란 깨어 있는 상태에서 자기 자신이나 사물에 대하여 인식하는 작용을 말한다. 사르트르의 문학관을 서희의 시에 적용해 보자. 전체적으로 보면 서희의 시는 어떤 미학적 방식이나 특정한 철학에 의해 유도된다기보다

구체적 현실과 현실적 경험에 의한 직관적 인식으로 이루어져 있다. 이 직관적 인식은 구체적 경험의 세부로부터 흘러나오고, 다시 구체적 경험의 세부로 돌아간다. 이때의 경험적 인식은 대상의 한순간에서 원하는 장면만을 분리하여 편집하는 행위처럼 단순하면서도 선명하다. 시인의 경험적 인식은 독자들에게 앎이나 깨달음, 혹은 새로운 경험이나 생생한 감각으로 와 닿는다. 따라서 이 글은 서희 시에서 드러나는 인식의 양상을 따라가는 데 일차적 목적이 있다. 뒤집어, 대상 앞에서의 시인의 인식을 전체적으로 조망한다면 이는 한 시인의 존재론적 풍경이기도 하다. 그리고 그 존재론적 풍경이 서희 시의 출현이다.

『무슨 말을 덧붙일까』는 서희 시인의 첫 번째 시집이다. 삶의 균열이 새겨놓은 기억의 진정성이 대다수 시인들의 첫 번째 시집이 갖는 일반적 특성임과 달리, 서희의 시에서는 시간이 퇴적된 흔적을 발견하기 어렵다. 오히려 그의 시에서는 '오늘의 일상'과 '현재의 대상'에 대한 진지한 몰입이 두드러진다. 가령 시집 1부에는 이러한 특징을 보이는 '신발'을 소재로 한 작품이 둘 있다. 「신발의 역사」와 「신발병원」이 그것이다.

> 귀가 후 현관 앞엔 한 가족이 엉켜 있다
> 한밤중 불을 켜자 부스스 깨다 말고
> 고단한 하루를 눕힌 채 잠꼬대가 한창이다

그 잠꼬대 잦아들자 희멀건 새벽달이
빠끔히 베란다를 넘어와서 기웃대더니
새하얀 홑이불 같은 달빛 풀어 덮어준다

뒷굽이 닳은 채로 널브러진 구두들이
지고 갈 또 하루를 채근하며 기다린다
제각각 갈 길이 달라도 두말없는 순종이다

—「신발의 역사」 전문

옛 동네 큰길가에 천막 친 병원 있다

굽이 닳고 솔기 터져 입원한 구두들이

수술을
받을 요량인가
해부되어 엎드렸다

—「신발병원」 부분

「신발의 역사」는 하루 일을 마치고 귀가한 화자가 현관에서 "뒷굽이 닳은 채로 널브러진" 가족들의 신발을 보며 힘겨운 일상을 살아가는 생활인으로서의 고단함을 토로하는 작품이다. 이 작품은 "구두"라는 소재를 통해 현실적 세계를 시적 대상으로 삼은 생활시로서의 진면목을 보여주는 한편, 일상적 삶의 의미 혹은 일상적 삶의 본질을 이야기한다. 가족들의 고단한 삶을 표상하는 구두가 "지고 갈 또 하루를 채근하며 기다"릴 수 있음은, 잠든 가족들을 "새하얀 홑이불 같은 달빛 풀어 덮어"주듯 사랑으로 감싸 안는 가정이라는 울타리가 있어서 가능하다. 그러므로 이 시는 힘들고 누추한 일상에서도 가정의 가치를 소중하게 지켜나가는 아름다움, 가족의 사랑으로 매일매일의 고단함을 극복해가는 삶의 이야기라고 할 수 있다.

「신발병원」에서 "수술"을 기다리는 신발들 역시 고단한 삶의 표상들이다. 두 작품 모두 '신발'로 치환된 소시민적 삶의 메타포가 삶의 실감과 실정을 재현했다면, 각각의 화자는 삶의 고단함을 수용하면서 그 삶에 대한 긍정적인 태도를 끝끝내 잃지 않는다는 공통점을 갖는다. 예컨대 「신발병원」은 "굽이 닳고 솔기 터져 입원한 구두들"이 수술을 잘 끝마치고 퇴원을 기다리고 있다고 마무리한다. 이는 험난한 세파를 견디고 이겨내며 다시 나아가겠다고 스스로 다짐하는 화자의 긍정적 삶의 태도가 반영된 부분이다. 반복하자면 서희의 시는 '오늘의 일상'과 '현재의 대상'에 진지하게 몰입한다. 「서재의 근황」 또한 이를 잘 보여주는 작품이다.

이미 품에 든 것은
밀쳐두기 마련이다

오늘도 서점에서
새 책을 골라 샀다

책꽂이 꽂혀 있던 책들
흑백의 풍경이다

내일이면 구간이 될
오늘의 신간이여

맞닿은 일상들이
버릇처럼 산화되고

죄 없이 녹슬어가는
다 읽지 못한 하루

—「서재의 근황」 전문

이 시는 구마다 한 행으로 잡아, 각 장을 하나의 연처럼 2행씩으로 만들어 한 연으로 삼은 구별 배행 시조다. "이미 품에 든 것은/밀쳐두기 마련"이라는 진술은 단도직입적이다. 대상을 이야기하기 전에 시인의 인식을 곧바로 이야기하고 그 인식의 근거를 하나하나 밝혀내기 위해 써 내려가는 방식은, 시적 언어로써 성찰적 인식을 뒷받침하는 서희 시의 독특한 구조이기도 하다.

화자는 자신이 '오늘도' 서점에서 새 책을 샀다고 말한다. 오늘 산 신간은 "내일이면 구간이 될" 운명이고, 책이 꽂혀 있는 책장은 "흑백의 풍경"이다. 때문인지 '역시'라는 의미의 '—도'라는 보조사는 다소 자조적인 느낌을 풍긴다. 그리고 화자의 독서 행위가 스스로 평가했을 때 그리 만족스럽지 않았음을 암시한다. 미처 읽지 못한 책이 계속해서 꽂히는 책장은 현실 속의 책장이면서 동시에 화자의 심리적 공간이다. 새 책이 곧바로 헌책이 되는 일은 객관적 사실이겠으나, 중요한 건 이 일을 통해 화자는 모종의 부정적 감정에 시달린다는 점이다. 이러한 화자의 내면을 주목한다면, 책은 "맞닿은 일상들이/버릇처럼 산화"된다는 화자의 인식을 매개하는 사물임을 알 수 있다.

사물이 녹슬어가는 산화의 과정과, "다 읽지 못한" 책들이 쌓여가는 과정은 서로 닮은 듯 다르다. 책을 사고 읽는 행위란 시작(詩作)의 가열함과 세계에 대한 시인의 대응 방식에 해당하고, 이러한 자신의 일상이 서서히 '녹슮'을 시인은 절대로 용납하지 않을 테니 말이다. 자신에 대한 지속적 성찰을 노래하는 「우물」은 앞선 시의 '산화'를 거부하는 동시에, 이 시집 전체가 기대고 있는 지점이 어디인가를 선명하게 보여준다.

> 밖으로 꺼내지 못한 숨겨둔 나의 일상
> 생각은 서쪽인데 동쪽으로 향한 입술
> 속되고
> 어지러운 실체
> 언저리에 갇혔다
>
> 두레박에 퍼 올린 달빛은 푸르른데
> 저 물속 내 얼굴은 안개가 자욱하다
> 한번쯤
> 마른 가슴이
> 차오를 날 있을까
>
> —「우물」 전문

주지하다시피 문학에서 '거울'과 '물'은 그것을 경계로 서로 다른 세계나 공간이 접점을 이룬다는 점을 특징으로 한다. 우선 거울은 얼굴이나 대상, 즉 사람의 얼굴이나 세계의 모습을 반영한다. 이 때문에 현대시에서 거울은 대상과 교감하려는 화자의 사랑이나 그리움, 혹은 내면 성찰의 매개체로 나타난다. 한편 나르시스 신화에 등장하는 샘물처럼, 물도 대상의 모습을 비추어 주는 존재로서 시에서 거울과 그 속성이나 기능이 유사하다. 그러므로 "저 물속 내 얼굴"을 비춰보는 화자의 태도로 봤을 때, 서희 시에서의 '우물'은 자신의 존재에 대한 화자의 인식과 태도를 드러내는 자아성찰의 매개체로 기능한다.

그렇다면 '우물'을 통해 드러나는 서희 시의 가장 본질적이고 핵심적인 자아성찰의 지점은 어디일까? "밖으로 꺼내지 못한 숨겨둔 나의 일상"과 "생각은 서쪽인데 동쪽으로 향한 입술"이라는 진술은 화자의 내적 갈등이 무엇인지를 말해준다. 전자가 허위라면 후자는 기만에 대한 갈등이다. 종장에서 고백하는 "속되고/어지러운 실체"란 초장과 중장과의 의미적인 동일성에도 불구하고 다른 시적 함의를 지닌 것으로 이해된다. 화자 스스로가 '속되고 어지러운 실체'라기보다는 허위와 기만으로 형성되어 가는 부득이한 삶의 형상화라고 할 수 있다. 따라서 "두레박에 퍼 올린 달빛은 푸르"다는 고백은 허위와 기만으로 가득한 삶을 전환하려는 화자의 인식이 발전해 나가는 부분이라고 할 수 있다. 이 시는 허위와 기만의 사례를 구체적으로 다루지는 않지만, '두레박에 퍼 올린 푸르른 달빛'과 우물에 비친 '안개 자욱한 화자의 얼굴'을 대비함으로써 내면적 갈등을 서정적으로 재현해내고 있다. 첫 수의 '갇혔다'라는 서술어가 단정적인 평서문이라면, 둘째 수의 '있을까'는 의문형이다. 첫 수에서의 절망이 단순한 체념에 그치지 않고 우물에 비친 얼굴을 자각함으로써 펼쳐져 갈 미래의 변화를 암시하고 있다.

한편으로, 연시조 형태의 이 시는 두 수가 같은 구조로 이루어져 있다. 각 수의 초장과 중장이 2구 4음보로 이루어져 있다면, 두 수 종장 모두는 첫 음보가 1행으로, 그리고 2행과 3행이 2음보 1구를 이룸으로써 마지막 두 행이 또 다른 하나의 연인 듯한 느낌을 주는 형식이다. 이는 당연하게도 종장의 첫 음보를 두드러지게 만든다. 시조에서 종장의 첫 음보는 본래도 시의 긴장감과 집중성을 강화하는 역할을 하기 마련이다. 「우물」은 종장에 이르러 행의 형태를 의도적으로 다르게 함으로써 형식이 어긋나게 만들고, 이로써 종장 첫 음보의 집중성과 긴장감을 배가시키는 것이다. 여기서 주목해야 하는 건 '속되고'가 '한 번쯤'으로 선회하면서 보여주는 도래할 미래에 대한 화자의 기대와 마음 졸임이다. 형식이 의무에 복무하는 형태는 서희의 시에서 매우 자연스럽게 이루어진다고 할 수 있다. 그것을 가장 명료하게 보여주는 시편을 보자.

재봉사 어머니는 새벽부터 후다닥,

덩그러니 우리 남매 떼어두고 나가셨다

소풍날?

예외 없었지
몇천 원 쥐어주고

가방에 볼록하게 크림빵을 넣었어도

참 많이 허전했던 어린 날의 그 소풍 길

어쩌다
김밥 먹을 때
괜스레 찡한 눈 끝

무럭무럭 나는 크고 어머니는 늘 제자리

어느 하루 주방에서 김밥을 고이 말아

첫 번째,
가장 따스한
한 끼 식사 대접했다

—「첫 번째, 한 끼」 전문

이 시는 첫 수의 초장과 중장을 하나의 연으로 배치하고 있다. 그런데 종장에 이르면 시를 읽는 독자에게 어긋남의 쾌감을 발생시키며 시행은 한 음보가 한 행으로 두 행을 이루고, 마지막 두 음보는 한 행이 되는 식이다. 앞서의 「우물」이 마지막 두 행이 또 다른 하나의 연인 듯한 느낌을 주는 형식이라면, 이 시는 종장을 3행으로 배치함으로써 하나의 연을 구성해낸다. 이와 같은 형식적 어긋남과는 별개로, 시는 종장 첫 음보는 3음절, 두 번째 음보는 5음절이라야 한다는 시조의 정형성에 매우 충실하다.

주목할 부분은 종장 첫 음보에서 이루어지는 '집중성'과 각 수의 종장 첫 음보가 서로 관련하는 '유기성(有機性)'이다. 화자 '남매'는 재봉사인 어머니가 바쁜 탓에 소풍날에도 모친이 정성껏 싸준 김밥 대신 몇천 원을 받아 쥐고 크림빵을 사서 먹으며 자랐다. 화자는 나이가 들어서도 김밥을 먹을 때면 그런 과거가 생각나 코끝이 찡해지곤 했다고 고백한다. 그러던 어느 날, 이제는 자라 철이 든 화자가 직접 김밥을 말아 나이 든 어머니께 한 끼 식사를 대접했다는 게 이 시가 들려주는 화자 개인의 서사다. 남매의 측은한 과거와 나중에 있었던 가슴 뭉클한 서사는 '소풍날?', '어쩌다', '첫 번째'라는 단어가 배치된 종장 첫 구에서 집중된다.

부연하자면 형식적 일탈이 가져오는 긴장감이 독자로 하여금 단어의 의미에 집중하게 만든다. 시를 읽는 독자는 앞 서사의 흐름을 따라 읽다가 이 부분에 이르러 긴장감을 느끼며 더욱 애달픈 일이 발생할 것임을 짐작한다. '사실 확인→ 사실의 심화→ 더욱 심화된 사실 예측→ 반전에 따른 예측의 실패'라는 과정은 최종의 감동을 위해 정서적으로 점층해가는 일종의 극적 배치와 같다. 즉 셋째 수 종장의 '첫 번째'라는 음보에서 반전이 발생하고, 초반의 애달픔은 후반의 훈훈한 정서적 마무리로 수렴된다. 이때 각 수의 종장 첫 음보인 '소풍 날?', '어쩌다', '첫 번째'는 해당 수의 서사를 함의하는 동시에, 각각이 서로 유기적인 관계를 형성하면서 시 전체를 관통하는 것이다.

서희 시에서 종장 첫 음보를 기존의 방식과 어긋나게 함으로써 집중성과 긴장성을 불러일으키는 일탈은 드물지 않다. 하지만 이 어긋남은 '기교적 일탈'로 읽히지 않고 물 흐르듯 자연스럽다는 인상을 준다. 이는 형식과 의미가 일치함으로써 발생하는 효과이자, 자연스러운 일탈을 지향하는 서희 시의 특징을 드러내는 부분이다. 그렇다면 다음의 시는 어떠한가?

푸르던 시금치가 데쳐져 풀이 죽자
옛 모습 간데없이 노란 물로 치장한 무

우엉도
달달 볶인 채
한쪽에 줄을 섰다

계란말이 당근 볶음, 고기 아닌 햄 조각이

흰밥 위에 가지런히 체념한 듯 누웠구나

저렇게
어른이 되는 것
어울리며 낮추는 것

—「김밥 속이 보인다」 전문

「김밥 속이 보인다」는 첫 수와 둘째 수의 형태가 비슷한 듯 다르다. 첫 수의 초장과 중장이 1행과 2행의 형태라면, 둘째 수의 초장과 중장은 하나의 행으로 이루어진 연의 형태다. 이를 제외한다면 종장 첫 음보에 긴장감을 부여함으로써 운율에 쾌감을 발생시킨다는 점에서는 시인이 가장 즐겨하는 일탈의 방식을 그대로 재현하고 있다.

하지만 이 시에서 첫 수 종장의 첫 음보인 '우엉도'를 놓고 의미를 강조하는 특별한 표지라고 말하기는 곤란하다. 의미의 조응 면에서 '시금치'와 '무'와 '우엉'은 동질적인 무게로 반복되는 동일형태의 병치에 해당하기 때문이다. 따라서 이 시의 미묘한 긴장감은 첫 수에서 행을 달리하며 하나씩 병치하던 김밥의 재료들을 둘째 수 1행에서 "계란말이 당근 볶음, 고기 아닌 햄 조각"으로 한꺼번에 속도감 있게 나열하는 데서 발생한다. 서희의 시가 대체로 주제적 차원에서 종장 첫 음보의 어긋남을 시도해 왔다면, 이 시는 어긋남이 주는 긴장감에 대한 유희적 취향이 본격적으로 실행된 것으로 보인다. 일반적으로도 정형시는 축어적 의미와 다른 어떤 의미를 얻기 위해 낱말이나 구를 구사하는 '의미에 따른 비유'가 아닌, 낱말의 의미보다는 낱말의 통사론적 순서나 패턴에 의존하는 '형식에 따른 비유'가 승하다. 서희의 시도 예외가 아니다. 덧붙이자면, 이 시는 서술의 형태로 끝나는 첫 수와 달리 마지막의 두 행이 명사형 종결을 반복한다. 명사형 종결은 의미적으로나 형태적으로나 여운을 갖는다. 이렇듯 서희의 시에서 형식적 일탈은 결과적으로 의미에 복무한다. 시를 다 읽고 난 독자들이 '김밥 속이 보인다'라는 제목에서 '보인다'의 의미를, 단순한 시각적 차원을 떠나 깨달음과 관련해서 새삼스레 곱씹게 되는 이유가 바로 그래서이다.

서희 시의 '실감과 실정'은 일상에서의 고난과 서러움을 견디는 서민적 주체가 화자 자신임을 강력하게 환기하는 것으로 구체화한다. 취업과 관련한 고통을 호소하는 「갈피」, 「지금 나는?」 외에도 「권고사직」은 화자의 체험에서 우러난 육성을 생생하게 들려준다.

구직으로 만 삼 년을 갈고 닦았는데

막상 취업하니 코로나가 찍는 발등

맘먹고 찾아가는 길 실업급여 신청서

바람이 등을 치며 물어 오는 퇴사 이유

말없이도 저 바람은 내 말 다 알아듣지

휘리릭, 감아 돌면서 넋두리도 들어주지

—「권고사직」 전문

서희의 시에는 과장이나 허세가 없다. 아픔과 고통을 과장한다든가, 언어의 부림이 지적 허세를 의도하지 않는다. 형식보다는 의미, 즉 정신적 지향에 주목함으로써 기교 없음을 기교의 최고 가치로 여겨 '무기교'를 수용하는 '강의목눌(剛毅木訥)'이라는 정신적 전통이 서희의 시에는 은연중 배어 있다. 미학적 자유를 포기하지 않는 시적 일탈이 드물지 않음에도 그것이 '자연스러운 형식'으로 수렴되는 이유 또한 그의 시적 언어가 가지는 의연하고 질박한 성질에서 기인한다.

만 삼 년을 조바심하다 취업했으나 코로나로 권고사직을 당한 화자가 실업급여를 신청하러 다녀온 일을 그리고 있는 이 시는, '말없이도' 자신의 심정을 알아주는 바람처럼 좌절로 인한 고통과 미래에 대한 불안을 무던히 삭이려 애쓰는 화자를 형상화하고 있다. 형식으로써 의미를 확장하는 서희 시의 특성을 고려했을 때, 이 시가 각 장이 하나의 연으로 구성되어 있음은 놓치지 말아야 할 부분이다. 요컨대 장과 장 사이의 여백은 차마 털어놓지 못한 화자의 마음이 담긴 심리적 공간이다. 「길의 단계」를 읽으며 이 여백에 대해 좀 더 자세히 살펴보자.

> 한 계단 올라보니 열 계단이 앞서 있다
>
> 결국 또 길의 연장 아직은 제자리다
>
> 여독이 풀리지 않은 여행 끝의 일상처럼
>
> 옛길을 돌아보니 그것도 대단했네
>
> 여기까지 차근차근 보폭도 가지런히
>
> 완성을 꿈꾸며 가는 젊음은 미완이다
>
> —「길의 단계」 전문

「길의 단계」에서 '계단'은 '길'을 은유하고, '길'은 인생의 메타포다. 이 시는 앞선 「권고사직」과 마찬가지로 각 수의 장들이 행이자 연인 형태로 가지런히 배치되고 있다. 하지만 「권고사직」과는 달리 제목이 환기하는 효과로 말미암아 시의 형식적인 면에서도 '계단'의 형태를 재현하는 듯한 느낌의 묘미가 있다. 계단을 연속적으로 밟고 올라가노라면 다음 계단으로 올라서려는 순간 발에 힘이 들어가면서 동작은 이동과 멈춤의 이중성을 요구한다. 이와 마찬가지로 1행이 1연이 되는 형태는 앞선 행(연)이 다음 행(연)으로 이어질 때 호흡이 잠시 '휴지(休止)'인 효과를 가진다. 「길의 단계」는 1행이 1연으로 배치되는 안정적이고도 규칙적인 형식을 통해 내적으로는 호흡의 휴지를 발생시키고, 결과적으로 외적으로도 계단의 형태를 재현하는 것이다. 4음보에 더해 이 같은 휴지의 반복은 정형적 운율을 생성하는 동시에 시 읽기의 속도를 느리게 만든다.

다시 말해 행간의 여백은 의도적으로 독자가 쉬어 읽기를 진행하도록 하여 화자의 정서나 태도를 강조하는 역할을 한다. 「길의 단계」의 경우, 이 여백은 앞을 보니 "열 계단이 앞서 있다"라거나, "결국 또 길의 연장 아직은 제자리다" 혹은 "옛길을 돌아보니 그것도 대단했네"라며 화자가 자신의 과거와 현재와 미래를 반추하는 심리와 태도를 독자가 무심히 지나치지 않고 주목하게 만든다. 이처럼 여백의 미를 활용하는 방식은 단형시조에서도 두드러진다. 「쓰레기통」, 「어쩔 수 없는 일」, 「숨바꼭질」, 「한 사람」, 「수저론」, 「가상에 속지 마세요」, 「장경각」, 「시네마천국」 등이 그것인데, 이는 시조를 현대적 감각으로 쓰려는 의도이기도 하지만, 시적 의미를 강조하려는 형식적 노력이라고 할 수 있겠다.

「길의 단계」의 화자는 현재를 회의하고 미래를 탐색하지만 과거가 현재를 만들듯 현재가 미래로 이어짐을 수긍한다. 현재는 비루한 삶의 본질을 극복하고자 하는 의지의 산물이자 미래로 연결되는 교량이다. 돌아본 과거가 대견한 것처럼, "완성"이라 일컬어지는 성숙한 미래는 현재의 시기를 "차근차근" 통과하면서 진행된다. 그러므로 서희의 시는 바로 이 자리, 주어진 현재를 묵묵히 수행하는 '오늘이라는 현재'에 위치한다.

지금까지 우리는 『무슨 말을 덧붙일까』에 드러나는 서희 시인의 인식의 양상을 따라왔다. 살펴보건대 구체적 현실과 현실적 경험을 바탕으로 하는 서희의 시는 실감과 실정에 의한 일상어로 이루어져 있으며, 사물이나 상황에 대한 순간적인 인상을 중요시한다. 그의 시는 시어의 운용 면에서 의미상 모호한 구석이 없다. 언어의 조탁에 힘쓰기보다 진솔한 언어로써 반성적 성찰로의 확장을 꾀하기 때문이다.

반면 형식적인 면에서 서희의 시는 미학적 자유를 포기하지 않는다. 그렇더라도 그의 시에서 형식적 일탈은 언제나 물 흐르듯이 자연스럽다. 서희의 시가 시도하는 일탈의 형식이

어떻게 시적 의미를 확장해 나가는지를 발견하는 일은 그의 시를 읽는 이들만이 누리는 기막힌 즐거움이다. 형식이 의미에 복무하는 형태를 가진 그의 시는, 진솔하고 성찰적인 자아의 진정성을 기반으로 보편적 공감을 얻고 감동을 불러일으킨다. 그의 시어가 가진 정직성과 형식적 일탈이 담보하는 미학적 성취는 세속의 하찮은 일상이 삶을 성장시키는 '한 걸음'임을 확인시킨다. 그런즉 서희 시의 눈부신 진화는 현재적 상황이다. 진중한 언어와 감성으로 현재를 살피며 나아가는 시인의 미래를 뜨겁게 응원한다.

시인동네 시인선 196

무슨 말을 덧붙일까요

초판 1쇄 인쇄 2023년 1월 13일
초판 1쇄 발행 2023년 1월 20일
지은이 서희
펴낸이 김석봉
디자인 헤이존
펴낸곳 문학의전당
출판등록 제448-251002012000043호
주소 충북 단양군 적성면 도곡파랑로 178
전화 043-421-1977
전자우편 sbpoem@naver.com

ISBN 979-11-5896-582-2 03810